8
LN27
41602

(Conserver la couverture)

LE GÉNÉRAL BERNARD

PAR

LE COMTE MOLÉ.

VERSAILLES
IMPRIMERIE MANCEAU, 21, RUE HOCHE.

1893

Impression n° 21
1840.

CHAMBRE DES PAIRS
Séance du 22 Février 1840.

DISCOURS
PRONONCÉ PAR M. LE COMTE MOLÉ, A L'OCCASION DU

DÉCÈS DE M. LE BARON BERNARD.

MESSIEURS,

Depuis votre origine, vous avez suivi constamment un usage religieux et solennel, celui de rendre un dernier hommage à la mémoire de ceux que la mort moissonne parmi vous. Tous, en effet, ont droit à vos regrets, à votre estime, pour les services qu'ils ont rendus à l'Etat, la part qu'ils ont prise à vos travaux. Mais la tâche de l'orateur est plus ou moins heureuse, plus ou moins difficile, selon la vie dont il doit rassembler les principaux traits sous vos yeux. Ceux qui meurent aujourd'hui, ont traversé des temps d'orage, temps de passions et de partis, où les vertus et les talents, les courages et les volontés se montrent dans tout leur éclat et toute leur force, mais où les âmes sont soumises à de telles épreuves, que Dieu seul peut y rendre une souveraine justice, soit à celui dont la renommée brille au-dessus de nos têtes, soit à celui que la prévention publique accable encore après son trépas.

Parfois cependant, on voit la Providence jeter à travers ces époques redoutables, un de ces caractères si droits et si purs, une vie si simple et si honorable, qu'ils semblent placés là pour témoigner de la perpétuité de la vertu sur la terre, et avertir ceux qui gouvernent, ceux qui choisissent les hommes, que de tels hommes se rencontrent toujours. Personne sans doute, après ce préambule, ne sera surpris de m'entendre prononcer le nom du Général Bernard.

La Chambre tout entière, du moins je me le persuade, a déjà acquiescé à mes paroles, et pourtant elle ne connait dans une si belle vie, que ce qu'une modestie incomparable n'a pu lui dérober. Peut-être regrettera-t-elle qu'une voix plus éloquente ne soit pas venue rendre à une telle mémoire, un hommage plus digne d'elle, plus digne aussi de l'assemblée qui m'écoute; mais ou je m'abuse, ou j'avais une dette personnelle à acquitter ici. Chef de ce Cabinet où le Général Bernard a consommé son sacrifice à la patrie, je l'ai vu tous les jours lutter contre ces passions auxquelles il avait une si noble peine à croire, je l'ai vu ne chercher sa force que dans sa conscience, et sa récompense dans l'accomplissement de ses devoirs; je l'ai vu enfin, bravant l'injure quotidienne ou l'injustice des partis, avec le calme d'une âme qui n'a pas même à se défendre d'une trop légitime amertume, et qui ne regrette, dans les obstacles dont on sème sa route, que le bien qu'elle aurait fait sans eux.

Ne craignez pas, Messieurs, que je m'écarte devant vous de cet exemple, et que je fasse entendre des récriminations sur un tombeau ! La justice ne manque pas à ceux qui savent l'attendre ; c'est le pays qui la rend, et toujours avec le temps, bonne et complète. Le Général Bernard avait mis en lui toute sa confiance; le récit que je commence, vous prouvera qu'il n'a vécu que pour le servir.

Dans les périodes de continuité et de repos, lorsque les années succèdent paisiblement aux années, le passé des hommes publics, chacun de leurs pas dans la carrière, restent gravés dans la mémoire de ceux parmi lesquels ils ont vécu. Mais si, au contraire, les bouleversements se renouvellent, si un pays a le malheur de voir sa forme politique, et ceux-là même qui le gouvernent, comme frappés d'une perpétuelle instabilité, les hommes ne datent alors que de la plus récente de ces ères fugitives ; on ne leur tient compte que des services de la veille, le reste est oublié. Le présent absorbe, il dévore ! Moi-même, le dirai-je, moi-même contemporain du Général Bernard, et dont la vie s'est écoulée si près de la sienne, c'est à peine si je me rappelais encore tout ce que j'avais vu. Permettez-moi donc de m'étendre avec quelque complaisance, sur les commencements et la carrière de celui que vous regrettez. Il a été de ceux dont l'éloge doit respecter la mémoire, en s'abstenant de rien ajouter à la plus exacte vérité.

Simon Bernard naquit à Dôle, dans le Jura, le 28 Avril 1779, de parents pauvres et estimés. Son père simple artisan, n'aurait eu ni les moyens, ni l'ambition de lui donner cette éducation qui le rendit propre à tout ce qu'il est devenu plus tard. Il ne l'a due qu'à sa propre énergie, et à la vocation la plus décidée. Il y a deux routes, vous l'aurez remarqué souvent, il y a deux routes pour arriver au faîte, en partant du point qui en était le plus éloigné.

Les uns, dans leur bouillante impatience, franchissent l'espace, brisent les obstacles, au mépris de toutes les lois d'un légitime progrès, et ne se trouvent jamais assez récompensés ; les autres, et ceux là sont les plus rares, ne demandent à la fortune, comme à leur patrie, que le salaire distribué par le père de famille à ses meilleurs serviteurs. Peut-être chercherez-vous, Messieurs, pour le Général Bernard, encore une autre catégorie ; peut-être le placerez-vous encore au-dessus des plus désintéressés, quand vous l'aurez suivi, avec moi, depuis sa naissance jusqu'à son tombeau.

Les premières années de Simon Bernard s'écoulaient comme s'étaient écoulées celles de son père, dont il promettait déjà de reproduire toutes les vertus privées, lorsqu'un incident, dû au hazard, vint développer et mettre en lumière, une intelligence, des aptitudes ignorées jusque là, même de celui qui les avait reçues du Ciel. Une troupe d'enfants, parmi laquelle se trouvait le jeune Bernard, avait escaladé plus d'une fois les murs d'un jardin pour y prendre quelques fruits. Les religieux auxquels les fruits et le jardin appartenaient, se mettent en embuscade, fondent sur les ravisseurs qui, pour la plupart, leur échappent. Bernard seul reste prisonnier ; seul il paya pour tous ; mais la vengeance satisfaite, les moines s'effrayèrent des suites de leurs rigueurs. Avant de rendre Bernard à la liberté et à sa famille, ils voulurent se réconcilier avec lui. Ils eurent bientôt démêlé le seul côté pour l'apaiser ou le séduire ; ils lui donnèrent des livres, y joignirent des leçons, offrirent, s'il voulait revenir, de lui enseigner le français par principes et les mathématiques élémentaires. L'enfant, dans lequel vivait déjà ce sentiment de la justice qui semblait dominer tous les autres chez l'homme si rare que nous avons connu, oublia bien vite le châtiment d'une faute que sa conscience lui avait reprochée, et saisissant avidement l'occasion de s'instruire, il retourna furtivement et à l'insu de ses parents chez les moines, non plus pour dérober des fruits avec ses camarades, mais pour y recevoir en quelque sorte la révélation de lui-même, et apprendre sa véritable vocation. Cependant le père de Simon ne tarda pas à pénétrer le mystère, et à devenir fier d'un fils dont les heureuses dispositions, surtout l'activité d'esprit, avaient commencé par l'inquiéter.

Alors vivait à Dôle un prêtre fort savant, aimant la jeunesse et sachant se faire aimer d'elle. L'Abbé Jantet (tous les amis du Général Bernard auront plaisir à retrouver ici son nom) voulut connaître cet enfant dont il entendait faire l'éloge, et s'attacha tellement à lui, qu'il ne s'en sépara plus que pour le lancer de ses propres mains dans une carrière où il s'attendait à le voir surpasser tous ses rivaux. Le jeune Bernard n'avait pas apporté en naissant une de ces organisations accessibles à tous les genres d'impressions qui puisent à toutes les sources, que toutes les émotions peuvent atteindre, et qui, après avoir hésité entre tout ce qui les ébranle ou les intéresse, finissent par se laisser entraîner sans avoir choisi. Dans son cœur, la bonté régnait sans partage, dans son âme, la justice; c'est du sentiment du juste, de la justice bien comprise, qu'il faisait découler le dévouement à ses devoirs. Telle était, dès ses premiers pas, cette nature droite, simple, sans mélange. Non seulement le penchant très prononcé de son esprit le portait vers les sciences exactes, mais encore ce besoin de démonstration, de rigoureuse vérité, que tout l'homme en lui éprouvait. Quelques lettres de l'Abbé Jantet, retrouvées dans ses papiers, montrent à la fois l'intérêt paternel que le maître portait à l'élève, et la manière dont il avait su apprécier déjà ses dispositions et son avenir.

Simon Bernard avait à peine atteint sa quatorzième année, lorsque, grâce aux soins et aux leçons de l'Abbé Jantet, il soutint avec éclat, au collège de Dôle, un examen sur les mathématiques transcendantes, la physique et la chimie. En présence d'un tel succès, le maître n'hésita plus et voulut que son élève entrât à cette école centrale des travaux publics, qui depuis s'appela École Polytechnique, et il le conduisit à Dijon pour le faire concourir. Bernard avait alors quinze ans; je l'entendais encore, Messieurs, il y a une année, me peindre, avec cette naïveté que ni l'âge, ni tous les hasards de sa vie n'avaient pu altérer, le trouble dont il fut saisi lorsqu'il entendit l'examinateur s'étonner qu'un enfant osât entrer en lice avec l'élite de la jeunesse. Non seulement il sortit vainqueur de l'épreuve, mais il en sortit si bien, que l'examinateur confondu, le rangea parmi les premiers de sa liste. De retour dans sa ville natale, il recueillit les bénédictions de son père, de sa mère et de cet abbé Jantet, son respectable bienfaiteur; puis il partit pour Paris, au milieu de l'hiver le plus rigoureux, à pied, le sac sur le dos et un bâton ferré à la main.

Jamais dans notre histoire (et je ne crains pas de l'ajouter, dans aucun pays) il n'avait existé un foyer de lumières, un centre d'instruction comparables à ce que présentait alors l'Ecole centrale des Travaux publics. Lagrange, Laplace, Haüy, Monge, Berthollet, Chaptal, Fourcroy, y enseignaient une jeunesse avide d'apprendre, et tout orgueilleuse de se voir ces maîtres immortels. Deux ans plus tard, j'aime à m'en souvenir, au même âge que Bernard, aussi pauvre et plus malheureux que lui, je suivais librement les mêmes leçons, et je cédais à cet élan vers les sciences exactes et naturelles, qui fut un des traits caractéristiques de cette époque. Simon Bernard était porteur d'une lettre de l'Abbé Jantet, qui le recommandait à l'illustre Lagrange; mais, épuisé de fatigue, transi de froid, le pauvre Simon suivait le quai de la Seine, lorsqu'il tomba sur la neige, sans sentiment et sans vie. Nul ne saurait dire s'il se fut jamais relevé, sans une bonne femme qui courut à lui, le transporta dans sa boutique, et après l'avoir réchauffé et restauré, exigea qu'il prît un fiacre qu'elle eut soin de payer, pour le conduire au Palais Bourbon. Me serais-je trompé, Messieurs, en pensant que vous ne trouveriez pas ces détails sans quelque charme? Lorsque vous verrez ce même Simon Bernard devenir un savant distingué, l'un des vétérans et des chefs de notre armée, votre collègue, ministre enfin; vous vous le rappellerez, non pour admirer les caprices de la fortune, mais pour bénir la providence, qui cette fois, a permis que le mérite et la vertu fussent appréciés ici bas.

La simplicité de l'âme et la bonté du cœur sont peut-être les seules qualités qui désarment l'envie; aussi Bernard ne la rencontrait-il nulle part. Il était le plus jeune de l'Ecole, et tous les élèves l'aimaient, quoiqu'il fut de la part des maîtres l'objet d'une prédilection toute particulière. Monge surtout, Monge, dont Napoléon recherchait l'entretien, qui l'avait suivi en Egypte, dont la conversation faisait aux Tuileries son délassement, ce Monge qui savait revêtir la géométrie la plus transcendante, des couleurs empruntées à l'imagination la plus vive, conçut pour le jeune Bernard une si tendre affection, qu'il lui tint lieu de père à son tour, et continua l'œuvre de l'Abbé Jantet, en le guidant dans sa nouvelle carrière.

Logé dans un grenier de la rue de Verneuil avec un de ses camarades, il se nourrissait de la farine de maïs que lui envoyait sa mère, et qui lui rappelait son enfance. Le mal du pays le prit ; sa santé naturellement délicate, s'altéra. Mais habitué à se vaincre lui-même depuis son berceau, et à ne rien attendre que de son travail, il redoubla d'application et d'ardeur ; bientôt il sortit le second de la promotion du génie.

Ici va commencer la carrière militaire de Bernard. En quittant l'Ecole d'application de Metz, où sa constitution s'était fortifiée au point de le rendre capable des plus rudes fatigues, il fit sa première campagne à l'armée du Rhin. Son début fut celui d'un héros (1), a dit sur sa tombe, un de ses compagnons d'armes, une des illustrations de nos armes savantes. Ce témoignage, Messieurs, avait trop d'autorité, était trop précieux pour que je n'aie pas dû le rappeler devant vous. Modeste et intrépide, ne demandant jamais ce qu'il avait mérité, préférant l'obscurité à la faveur, Bernard, à l'armée de réserve, en Italie, sur le Rhin, partout, se fit remarquer par des actions d'éclat, et reçut promptement les épaulettes de Capitaine. C'est dans ce grade qu'il eut l'occasion de se faire connaître à l'Empereur, et qu'il attira sur lui, ces regards qui ne se détournaient plus de celui qu'ils avaient une fois deviné.

L'Empereur ouvrait cette campagne merveilleuse, dont le début fut signalé par la capitulation d'Ulm. Au moment de quitter Strasbourg, il demanda au Général Marescot, de lui donner un officier du génie assez intelligent et assez brave, pour pousser une reconnaissance jusque sous les murs de Vienne, et lui rapporter des renseignements aussi importants que périlleux à obtenir. En voyant ce jeune officier, Messieurs, appelé auprès de celui qui faisait alors toutes les destinées, et recevoir de la bouche de Napoléon, ses instructions, vous prévoyez déjà sa haute fortune, et vous vous sentez disposés à le féliciter..... Arrêtez-vous ! Simon Bernard ne vous aurait pas compris. Il acceptait résolument cette mission parce que son devoir était de n'en refuser aucune ; il l'embrassait avec transport, parce qu'il y voyait une téméraire entreprise, et la préparation des triomphes qui allaient illustrer nos armes, et faire retentir au loin le nom français. Mais aucune pensée d'ambition ne vint se mêler à sa généreuse ardeur. Depuis son plus jeune âge

(1) M. le Général Roguiat.

jusqu'au moment où nous l'avons perdu, on peut dire de ce caractère tout dévoué et si suivi qu'il est arrivé à tout sans avoir visé à rien.

Napoléon n'en croyait sur les hommes que ses propres impressions; il était doué d'une justesse d'organisation qui aurait fait de lui dans toutes les conditions un être à part. Aussi n'avait-il d'idée arrêtée sur un homme que s'il avait été en contact avec lui; un seul entretien, tête-à-tête surtout, lui suffisait pour démêler le secret ou la portée d'un naturel, ou au moins pour savoir si celui qu'il voyait pour la première fois, méritait d'être mis à une épreuve qui lui permît de le juger sans retour. Il était à Ulm quand Bernard revint de sa mission; les résultats avaient passé son attente. L'Empereur causa, ou plutôt fit longtemps causer Bernard. Des Mémoires qui portent le nom d'un homme placé pendant bien des années dans l'intimité de Napoléon, racontent que Bernard, ayant donné dans son rapport le conseil de lancer la grande armée sur Vienne, en laissant de côté les places fortes, l'Empereur se mit dans une colère épouvantable, et s'écria :

« Je vous trouve bien hardi, bien osé ! un petit officier qui se
« permet de me tracer des plans de campagne ! » Messieurs, ou ces mémoires ne sont pas de l'auteur auquel on les attribue, ou cet auteur avait bien oublié, en les écrivant, l'homme extraordinaire si près duquel il avait vécu. Croyez-en celui qui vous parle en ce moment, et qui en a plus d'une fois fait l'expérience : Napoléon aimait et encourageait la jeunesse, premièrement à cause de l'action qu'il se sentait sur elle, secondement parce que, libre d'engagement qu'elle était, il la croyait plus à lui; enfin, parce que tout en appréciant mieux que personne peut-être les avantages de la prudence, il lui préférait cependant l'audace, par caractère et par tempérament. Rien ne serait plus curieux à raconter que les rapports de Napoléon avec la jeunesse, et la part qu'il lui fit dans l'exécution de ses desseins. C'est précisément parce que Simon Bernard débutait dans la carrière, parce qu'il était jeune, naïf, intrépide, qu'il lui avait dit : « Allez à Vienne et revenez m'apprendre
« si je puis y courir. » Bernard, de retour, Napoléon ne dut songer qu'à le mettre à l'aise, afin de tirer de lui l'expression la plus vraie, la plus fidèle, des impressions qu'il avait reçues. Je regrette que ce ne soit pas ici le lieu de donner toute ma pensée sur ces ouvrages

si nombreux dont le sujet est Napoléon. On a pu écrire avec talent, avec succès, l'histoire de son temps, ou celle des évènements de sa vie ; mais l'homme en lui reste à peindre. C'est que le peintre, celui qui aurait su dérober tous les secrets de cette nature gigantesque, sublime, incomplète, incohérente, serait aussi étonnant que le modèle. Il s'est rencontré pourtant ce peintre, Messieurs, ce fut Napoléon lui-même. La première fois, je me le rappelle, que, dans un de ces entretiens abandonnés qui font un des souvenirs les plus précieux de ma vie, je l'entendis me parler de lui et sur lui, comme d'un être curieux qu'il avait soumis aux plus philosophiques recherches, à la plus rigoureuse analyse, sans qu'aucune prévention ou affection ait pu fausser son jugement, je ressentis, vous le dirais-je, une sorte d'effroi, comme si une des lois de la nature avait été tout d'un coup, suspendue à mes regards ; plus tard, vous l'entendrez vous-mêmes m'expliquer comment et pourquoi il recherchait les hommes de la nature du Général Bernard, et se plaisait à les tirer de la foule. Pardonnez-moi cette digression trop courte assurément pour me satisfaire, mais que peut-être déjà vous me reprochez. Aujourd'hui chacun se fait un Napoléon à son usage ; on ne craint pas de placer sous la protection de son grand nom, les idées qu'il dédaignait le plus, les passions que son éternelle gloire sera d'avoir réprimées ou apaisées ; le Général Bernard le remarquait, et s'en plaignait souvent avec moi. En consignant ici un sentiment que nous ressentions au même degré tous deux, je crois avoir rendu un hommage de plus à sa mémoire.

La manière dont le Capitaine Bernard s'était acquitté de la reconnaissance sur Vienne, lui avait valu d'être nommé Chef de Bataillon ; un grade de plus à ses yeux ne faisait que changer l'ordre des devoirs et la sphère d'activité de celui qui en était revêtu ; il y voyait bien moins le prix de services rendus, qu'un encouragement à en rendre de plus grands. Il partit pour Ingolstadt, dont il devait démolir les fortifications, et passa en Dalmatie, où sous les ordres du Duc de Raguse, il déploya ses talents d'ingénieur, en traçant de magnifiques routes à travers un pays barbare, et soutint contre les Monténégrins, une guerre terrible où, par sa rapidité à les poursuivre dans le creux des vallées, sur le flanc des montagnes, il se fit surnommer le Cerf, par ces peuples sauvages.

Rappelé d'Illyrie pour prendre la direction des travaux d'Anvers avec le grade de Major, il s'arrêta à Ingolstadt où il épousa celle qui a été la digne compagne de sa vie, et qu'il avait demandée en mariage lors de son premier séjour dans cette ville.

Je ne me trompais pas, Messieurs, en vous disant que Bernard avait été de ceux dont Napoléon ne détournait plus ses regards, depuis le moment où il les approchait de sa personne. La nouvelle mission de Bernard était la plus importante de ce genre que l'Empereur pût confier. Dans sa lutte avec l'Angleterre, toute son attention, toutes ses espérances s'étaient concentrées sur l'Escaut, et il avait conçu pour Anvers les plus vastes projets.

Comme Directeur général des Ponts et Chaussées, je faisais construire ces magnifiques bassins dont Napoléon confia ensuite l'achèvement aux ingénieurs de la marine; Bernard dirigeait les fortifications; il employait comme moi des prisonniers, Espagnols, Suédois, et les ingénieurs sous mes ordres avaient à s'entendre journellement avec lui. Ils me représentaient, dans tous leurs rapports, le Major du génie, d'un concours si sûr et si facile, de tant de lumières, d'un caractère si ferme et si doux, que j'avais depuis longtemps un vif désir de le connaître. L'occasion ne se fit pas attendre. Au mois de Septembre 1811, l'Empereur, accompagné de l'Impératrice Marie-Louise, voulut visiter de nouveau la Belgique, les rives de l'Escaut et se rendre en Hollande. Je reçus l'ordre de le suivre dans son voyage, et je l'avais devancé à Anvers. En y arrivant, Napoléon réunit un conseil mixte d'officiers du génie et d'ingénieurs des Ponts et Chaussées, où toutes les questions relatives aux travaux maritimes et de défense d'Anvers, fûrent examinées ou résolues. C'est là que j'aperçus Bernard pour la première fois : nous étions loin assurément de prévoir l'un et l'autre, l'avenir qui nous était réservé, mais déjà nous nous inquiétions de celui de notre patrie. Dès lors, nous nous le sommes dit depuis, nous avions compris que la gloire toute seule, que ses prodiges ne fondent rien, et que plus les temps sont civilisés, les hommes intelligents, plus la raison, la vérité, la justice, l'emportent à la longue sur la force, et l'obligent tôt ou tard, à rendre compte de ses œuvres.

Après le conseil, l'Empereur me garda seul. « Avez-vous re-
« marqué, me dit-il, ce blondin, ce jeune officier du génie? quand
« je rencontre un homme de cette espèce, je le pousse, je le

« montre aux autres ; je ne serais pas surpris qu'il eût mieux
« aimé Washington que moi ; que m'importe ? Croit-on que je ne
« recherche que les hommes sans conviction ? Je ne demande à
« personne de penser comme moi ; je demande à chacun de m'aider
« à rendre les Français le premier peuple de l'univers. J'ai reconnu
« dans ce jeune homme un de mes meilleurs ingénieurs, un courage
« à toute épreuve, et surtout un sentiment du devoir, une droiture,
« une vérité que je ne trouve guère ailleurs. Ces qualités passent
« pour moi avant toutes les autres, je veux qu'on le sache. Ber-
« nard est plébéien et l'enfant de ses œuvres. L'enfant de ses
« œuvres ! ajouta-t-il en souriant, c'est comme moi, et cela m'in-
« téresse toujours. »

Ce ne fut cependant qu'en 1813, au moment où commençait cette terrible campagne qui se termina à la bataille de Leipzick, que Bernard fut nommé Colonel du génie et Aide-de-camp de l'Empereur. En passant sur un pont étroit, où il galopait à la portière de Napoléon, Bernard fut renversé, et tomba dans la rivière avec son cheval qui se noya ; il s'était cassé la jambe, et trouva malgré la douleur, assez de force et de courage pour nager jusqu'au bord, et se traîner jusqu'au quartier général. Là, le chirurgien Ivan lui déclara qu'il ne pourrait guérir s'il ne prenait un peu de repos, et ne restait pour quelque temps au moins, en arrière. Bernard ne voulut rien écouter, et suivit l'armée sur un brancard que portaient des paysans en se relayant.

Napoléon avait ordonné à un chirurgien de l'accompagner nuit et jour, et de se constituer prisonnier avec lui s'il tombait entre les mains des ennemis. Exposé à une pluie battante, et traversant les feux meurtriers, Bernard se jeta dans Torgau avec huit mille hommes qui allaient renforcer la garnison commandée par le Comte Louis de Narbonne, autre Aide-de-Camp de l'Empereur. Pendant trois mois d'un siège terrible, où la fièvre et la faim sévissaient dans toute leur horreur, Bernard fût l'âme de la défense. Malgré les vives souffrances, et la diminution de ses forces, il dirigeait en personne les travaux, porté sur les épaules de Clément, son fidèle domestique. Nos troupes évacuèrent Torgau, et Bernard, entièrement rétabli, eût la triste mission de porter la capitulation en France. Près de Strasbourg, sa chaise de poste versa, et il se cassa la jambe droite au même endroit. Sans perdre le temps de se faire panser, il exige qu'on le remette en voiture, et poursuit à toute bride jusqu'à Châlons-sur-Marne, où était l'Empereur. En le voyant, Napoléon se jette dans ses bras, le fait coucher sur le tapis, et s'y asseyant à côté de lui, écoute, les plans sous les yeux, un récit dont Bernard refusait de supprimer les moindres détails, malgré ses intolérables suffrances. Il revient à Paris se remettre entre les mains des gens de l'art, et ce fût par miracle qu'il évita l'amputation, tant l'inflammation avait fait de progrès. L'Empereur l'avait nommé Général de brigade; longtemps souffrant, il passa l'année 1814 dans la retraite, livré à l'étude des sciences exactes, de celle surtout pour laquelle il avait tant d'aptitude et de penchant, la géométrie descriptive et ses applications.

Au 20 Mars 1815, lorsque Napoléon revint de l'île d'Elbe, Bernard reprit auprès de lui ses fonctions d'Aide-de-camp, et fût chargé de la direction de son cabinet topographique. Il combattit à Waterloo, et fit de vains efforts, pendant quatre jours après la bataille, pour rallier et reformer une armée. Il revint à la Malmaison, et suivit l'Empereur à Rochefort, où il ne put obtenir de s'embarquer avec lui pour Sainte-Hélène.

Bernard retourna à Paris, sans nourrir d'autre projet que celui de vivre paisible au sein de sa famille. Il était de ceux qui pensent qu'on se doit à sa patrie sous tous les gouvernements qu'elle accepte, ou qu'elle se donne. Toutefois sa reconnaissance envers l'Empereur, son attachement à sa personne, l'empêchaient de continuer à servir. Mais le Ministre de la guerre lui ayant demandé un travail important que lui seul peut-être pouvait faire, il s'en chargea et l'exécuta avec cette conscience qui présidait à toutes ses actions. Mais, ni la réserve de sa conduite, ni son honorable caractère ne purent le préserver longtemps des soupçons, des dénonciations qui signalèrent si tristement cette époque. Il reçût l'ordre de quitter Paris, et de se rendre à Dôle, sa ville natale, où il devait être en surveillance. Plus l'âme est pure, Messieurs, plus le cœur est simple, et plus l'injustice irrite, plus elle trouve celui qu'elle atteint sans résignation. Bernard se décida à quitter cette patrie pour laquelle il avait tant de fois affronté la mort; il écrivit au général Lafayette pour lui annoncer son dessein de le rejoindre en Amérique, et voulant donner un dernier exemple de son respect pour la règle, de son obéissance au gouvernement de son pays, il demanda et obtint, avant de se mettre en route, le consentement du roi Louis XVIII.

Vous l'avez déjà remarqué, le haut mérite, le profond savoir étaient accompagnés chez le général Bernard, des qualités, des formes qui les mettent quelquefois à l'abri de l'envie. En Amérique, l'aide-de-camp de l'Empereur inspira d'abord une grande curiosité, et bientôt cette affectueuse estime dont il se voyait toujours entouré. Le gouvernement de l'Union comprit tout de suite les services qu'un tel homme pouvait rendre, et lui confia les plus grands travaux qui aient jamais peut-être été exécutés ou conçus dans aucun pays. Relier entr'elles toutes les parties de l'Union par des routes, des canaux, des rivières navigables, et en prenant pour base du plus vaste système de communication, ces lacs que l'Europe envie à l'Amérique, et qui, comme des mers intérieures, portent partout sur leurs rivages le commerce et la vie; enfin mettre à l'abri de toute invasion, une frontière de quatorze cents lieues, en construisant quinze places fortes, et un bien plus grand nombre de forts; telle fut, Messieurs, la tâche que le général Bernard proposa d'entreprendre, au gouvernement des Etats-Unis. Vous jugez ce qu'il fallut de travail, de courses, de fatigues, d'observations, d'explorations de tout genre sur cet immense territoire, avant qu'un esprit aussi exact, une raison si consciencieuse, s'arrêtât à de semblables desseins, et s'offrit surtout à les exécuter.

Ceux qui ont connu le général Bernard ne s'étonneront pas de le trouver capable de tant de résolution et d'entreprises; mais le vulgaire ignore que sous les formes les plus douces, se cache quelquefois l'esprit le plus ferme, le plus décidé. Il prend la modestie au mot, et oublie qu'il y a des hommes qui ne s'avouent jamais ce qu'ils valent; même après le succès. Ces hommes existent, Messieurs ! celui que nous regrettons en fût un admirable exemple. Ils consolent de ceux que rien ne décourage d'eux-mêmes, et dont on voit la fortune s'épuiser vainement à confondre la présomption.

Au bruit de la révolution de 1830, Bernard voulut revenir dans sa patrie. Il avait terminé tous les projets qui devaient entrer dans ce vaste système de défense et de communications commerciales, et dépensé déjà plus de 100 millions pour leur exécution. La France ne tarda pas à le revoir, et toujours aussi modeste, aussi pauvre, aussi ardent à la servir. Nul homme, hélas, ne devine toute sa destinée ! Bernard, en retrouvant cette patrie qui lui était si chère, était loin de prévoir les sacrifices si nouveaux qu'elle lui demanderait, et sur quel champ de bataille il aurait à épuiser pour elle, son dernier souffle de vie. Sous l'Empire, un naturel tel que le sien n'avait pu trouver à s'accomplir; réduit à vivre pour ainsi dire hors de ses convictions, et surtout de tous les penchants de son âme, il s'absorbait dans cette gloire, dont la plus grande nation du monde s'enivrait elle-même tous les jours ; sous la Restauration, tout en appréciant les institutions dont la France jouissait pour la première fois, et qui donnaient déjà tant de garanties à cette liberté, cette justice distributive, double objet de son culte, Bernard ne s'accoutumait pas aux circonstances qui l'avaient entourée, et protestait toujours au fond de son âme, contre l'invasion étrangère.

Le mouvement national de 1830 avait répondu à tous ses vœux, et placé sur le trône un Prince qui appelait à lui tous les hommes dont le pays était glorieux. Le Roi le nomma son Aide-de-camp. Cette fois Bernard trouvait le commandement allié à la bonté, et la pourpre royale mêlée à toutes les vertus privées et domestiques. Jamais sa sincérité et son indépendance ne s'étaient senties aussi à l'aise dans l'accomplissement de ses devoirs. Elevé au grade de Lieutenant général du génie, il se croyait au port, et espérait achever sa vie dans les travaux qui l'avaient remplie, lorsque cette main invisible qui fait notre sort, le saisit et le jeta dans une carrière dont une âme comme la sienne ne pouvait pas plus pressentir les angoisses, les amertumes, que comprendre les vaines jouissances qui le font tant envier. Le 6 Septembre 1836, le *Moniteur* annonça à l'Armée, à la France, que le Roi avait nommé le général Bernard son Ministre de la guerre; il avait refusé longtemps et résisté à de vives instances. Ne croyez pas toutefois qu'il reculât devant les difficultés qui attendaient la nouvelle administration, ou qu'il ait hésité devant l'injustice ou la violence des partis; non, Messieurs, ses goûts, ses habitudes, une défiance inépuisable de lui-même, l'éloignaient seuls d'une position aussi élevée; mais s'il eût prévu les orages que nous étions destinés à braver ensemble, il m'eût serré la main, j'en suis sûr, au premier mot, et serait venu bien vite s'asseoir à mes côtés.

Le 15 Avril n'avait pu nous séparer; le nouveau Cabinet ne devait inspirer au général Bernard que de vives sympathies. Il venait tenter la réconciliation des partis, ou plutôt le rapprochement de ses nuances d'opinions qui ne s'étaient séparées que pour des motifs où les convictions, les principes, avaient trop peu de part. L'amnistie ouvrit sa carrière; de bons esprits s'effrayèrent de ce grand acte, quelques mauvaises passions s'en applaudirent. Son préambule ne laissait aucun doute sur les pensées qui l'avaient inspirée; il fallut néanmoins à la nouvelle administration, le temps de se faire connaître, pour rendre aux bons la confiance, et confondre les espérances des méchants. Elle eût à prouver, qu'au lieu de rien céder par faiblesse, elle agissait par système, et se sentait assez forte pour ne rien redouter de l'épreuve de tant de clémence. Les partis ne renoncent que quand ils cessent de se croire les plus forts. L'amnistie venait après des luttes glorieuses où ils avaient été vaincus, et elle épargnait les amours-propres, en leur présentant l'oubli au lieu du pardon. Les résultats déconcertèrent les adversaires du ministère, et surpassèrent l'attente de ses partisans. Les attentats, les émeutes politiques cessèrent d'attrister la France. Mais nos institutions ne mettent pas seulement ceux qui gouvernent aux prises avec les partis ; le conflit des ambitions peut leur susciter plus d'embarras, plus d'obstacles que les partis eux-mêmes n'enfantent de périls. Le pays qui souffre, s'étonne alors que, sans dangers apparents, sans convulsions, sans violence, tant d'affaires languissent, tant d'intérêts soient compromis. Aisément il se trompe sur la source du mal, et momentanément, du moins, il peut arriver qu'il accuse ceux-là mêmes que, mieux éclairé, il voudrait affermir.

Il faut avoir vu, Messieurs, le général Bernard au milieu de tant de complications passionnées, de toutes ces bannières confondues ou étonnées de ceux qui se ralliaient autour d'elles, pour savoir tout ce qu'une triste expérience peut apporter de surprise et d'amertume au cœur d'un homme de bien. D'abord il se débat, et lutte contre l'évidence, il se refuse à reconnaître dans autrui, des sentiments ou des motifs qui n'ont jamais approché de lui ; à la fin il se résigne : une affliction profonde s'empare de son âme exempte de haine comme de ressentiment, et sans regret comme sans colère, il s'élève après le combat, ou, si l'on veut, après la chûte, et attend sans impatience que la vérité et la justice aient leur tour.

Messieurs, je ne fais que raconter et peindre l'homme à jamais regrettable que nous avons perdu, je ne vous ai encore rien dit de son administration, parce que j'étais entraîné par le plaisir que je trouvais à vous peindre son caractère. Elle a mérité cependant l'estime et la reconnaissance publiques. Ministre intègre, appliqué, laborieux, aucun détail n'échappait à sa sollicitude. Il avait pour l'armée le cœur d'un vieux soldat. Rien ne saurait donner l'idée, je ne dirai pas seulement de son dévouement pour elle, mais de l'émotion avec laquelle il s'occupait incessamment de ses moindres intérêts.

Aussi, que d'améliorations accomplies sans bruit, dans toutes les branches du service! que d'abus retranchés, d'économies obtenues, de règles salutaires établies! Jamais on ne fit plus de bien sans le dire, on ne mérita plus de reconnaissance sans en demander. Dès l'année 1838, la santé du général Bernard ne résistait plus à tant de fatigues, et des symptômes inquiétants étaient venus attrister sa famille, ses amis; nous le conjurions vainement de prendre un peu de repos; vainement le Roi lui-même, et avec cet accent d'intérêt et d'affection qui dans sa bouche a tant de puissance, le pressa, lui commanda de retrancher quelques heures à un travail qui finissait par envahir ses nuits comme ses jours. De tous les sentiments, Messieurs, qui inspirent les bonnes actions et produisent les honorables vies, le plus oublié de nos jours et le plus moral peut-être, c'est le sentiment du devoir. Bernard lui a immolé sa vie, et non pas sur ces champs de bataille où la gloire est là pour donner le prix, mais dans les veilles ignorées d'un travail continuel et consciencieux, en vue seulement d'une récompense dont les hommes comme lui connaissent toute la valeur, le contentement de soi, cette muette et intime approbation, que le juste se donne à lui-même, et qui a le Ciel seul pour témoin. *(Marques unanimes d'adhésion)*.

Ma tâche est terminée, je ne me flatte pas de l'avoir remplie. Une voix éloquente a déjà fait entendre sur la tombe de Bernard des paroles dignes de lui (1); cette voix était celle d'un membre de ce ministère.... Je m'arrête, c'est Bernard qui me le demande. Aux aveux qui sortent de sa tombe, il ne se mêle aucun retour amer. Le bien qu'il n'a pu faire, il souhaite que d'autres mains le fassent, et que les leçons du passé profitent à l'avenir. Tel est, Messieurs, l'empire de certains caractères, même après leur mort. La parole,

---
(1) M. Barthe.

pour leur rendre hommage, est obligée de s'empreindre de leurs vertus. Heureux celui dont la vie fut assez pure, pour qu'il ne soit permis à personne de songer à la défendre, et dont l'âme fut assez généreuse, assez haute, pour que ce soit manquer à sa mémoire que de prétendre la venger.

Je descendrais de votre tribune, si je ne me sentais encore un devoir à accomplir. J'achevais à peine ce faible éloge, lorsque la reconnaissance d'un grand peuple s'est fait entendre au delà des mers. Dix ans passés, Bernard avait quitté l'Amérique; dix ans ont plus d'une fois suffi dans notre vieille Europe, pour effacer de la mémoire, hélas! et du cœur des hommes, les services ou les grandes qualités de ceux qui ne sont plus. Vous connaissez tous cet ordre du jour, daté de Washington, le 9 Janvier 1840, où le Président de l'Union américaine « partageant le chagrin sincère qu'ont ressenti « de la mort du général Bernard les Officiers de l'Armée, désire « témoigner publiquement le respect qui lui est dû, tant pour les « services éminents qu'il a rendus à ce pays, que pour ses vertus « privées» et ordonne que les Officiers de l'Armée portent le deuil pendant trente jours. On ne sait, en vérité, ce qu'il faut le plus admirer ici, ou de celui qui a mérité cet immortel hommage, ou du peuple qui vient de le rendre après tant d'années, sur la tombe de l'étranger dont il n'attendait plus rien. *(Très bien)*. Honneur, Messieurs, aux nations reconnaissantes; honneur surtout à celles qui glorifient les vertus privées, et qui ne se lassent pas d'estimer ceux qu'elles élèvent ou qu'elles honorent publiquement. *(Assentiment général)*. Ne vous sentez-vous pas touchés, souffrez que je l'ajoute, en voyant des vertus si modestes, une vie si utile, un caractère si pur, Bernard enfin, recevoir après la mort, un tribut si éclatant de reconnaissance et d'estime, que tous les ambitieux, les glorieux de la terre pourraient le lui envier? *(Bravos universels)*.

www.ingramcontent.com/pod-product-compliance
Lightning Source LLC
Chambersburg PA
CBHW060602050426
42451CB00011B/2031